Peter Güthler

Weitergedacht

Im Glauben wachsen

extra rigatio

WEITER GEDACHT

Im Glauben wachsen

rigatio

rigatio.com

Impressum

Güthler, Peter
Weitergedacht
Im Glauben wachsen

ISBN 978-3-95790-057-9

Satz und Gestaltung: rigatio

Bildernachweis:
S. 7: AdobeStock_333058598
S. 8: W. Schuppener
S. 14: tania-malrechauffe_unsplash
S. 20: c-drying_unsplash
S. 26: dan-wechter_unsplash
S. 32: lightstock_37227
S. 38: AdobeStock_188961231
S. 44: claudio-schwarz-purzlbaum_unsplash
S. 50: AdobeStock_267117193
S. 56: AdobeStock_84154830
S. 62: W. Schuppener

Inhalt

Einführung

Gut gebaut

Lego. Als Kinder haben wir stundenlang damit gespielt. Im Zimmer meines Bruders oder in meinem. In der Küche oder im Flur. Im Keller oder im Garten. Und immer auf dem Boden – darum hatte fast jede meiner Hosen aufgescheuerte Knie. Wir bauten Häuser mit Gärten, Städte mit Mauern und Schlösser mit Türmen. Alles wurde verwendet: rote, gelbe, blaue, grüne oder durchsichtige Steine. Besonders begehrt waren Platten, Räder, Schrauben, Figuren, Zahnräder und Dachziegel – und ganz exotische Teile, die irgendwann einmal Bestandteil eines Sets gewesen waren und deren ursprüngliche Funktion wir nur noch erahnen konnten. Aber ohne ganz „normale" Legosteine wäre es nicht gegangen. Du weißt schon: Standard-Lego-Bausteine, angefangen vom kleinsten mit *einer* Noppe, dann die mit zweimal zwei oder zwei mal vier Noppen, und schließlich die langen „Balken", wie wir sie nannten, mit denen man so gut Mauern bauen konnte. Sie waren wie die Ziegel beim Hausbau. Wände kannst du nicht aus Fenstern und Dachplatten errichten; dazu brauchst du *normale* Ziegel. Erst dann, wenn der „Rohbau" steht, kannst du Fenster, Platten, Kamine, Dachrinnen und Blitzableiter daran befestigen.

> *Wir müssen wachsen oder eingehen.*
>
> Dwight Lyman Moody (1837-1899), amerikanischer Erweckungsprediger

Auch in deinem Leben als Christ gibt es „Standard-Bausteine" – grundsätzliche Themen, die für dein Wachstum im Glauben unverzichtbar sind. Um es in der Lego-Sprache auszudrücken: Das Ziel von *Angedacht*, dem ersten Kurs dieser Reihe, war es, die „Bodenplatte" zu legen, d. h., dir den Weg zu einer lebendigen Beziehung zu Gott durch seinen Sohn Jesus Christus aufzuzeigen. Dann, wenn du dem Ruf des Evangeliums gehorcht hast (vgl. Röm 1,5), kannst du mit den Worten des Apostels Paulus sagen: „Das Fundament ist schon gelegt, es ist Jesus Christus. Niemand kann ein anderes legen" (1Kor 3,11 NeÜ). Jetzt geht es darum, auf „das Fundament" etwas zu bauen, und ein „jeder ... sehe zu, wie er darauf baut" (1Kor 3,10).

An dieser Stelle kommt *Weitergedacht* ins Spiel. In den folgenden Lektionen findest du zehn „Standard-Bausteine", die du für den Bau eines stabilen Gebäudes brauchst. *Weitergedacht* eignet sich nicht nur für das persönliche Bibelstudium, sondern auch für die Bearbeitung in der Gruppe. Dabei studieren die Teilnehmer jede Woche zu Hause jeweils eine Lektion und treffen sich danach mit den anderen Mitgliedern der Gruppe, um über das Gelernte zu sprechen. Dabei können auch Fragen erörtert werden, die beim Studium des Themas aufgetaucht sind.

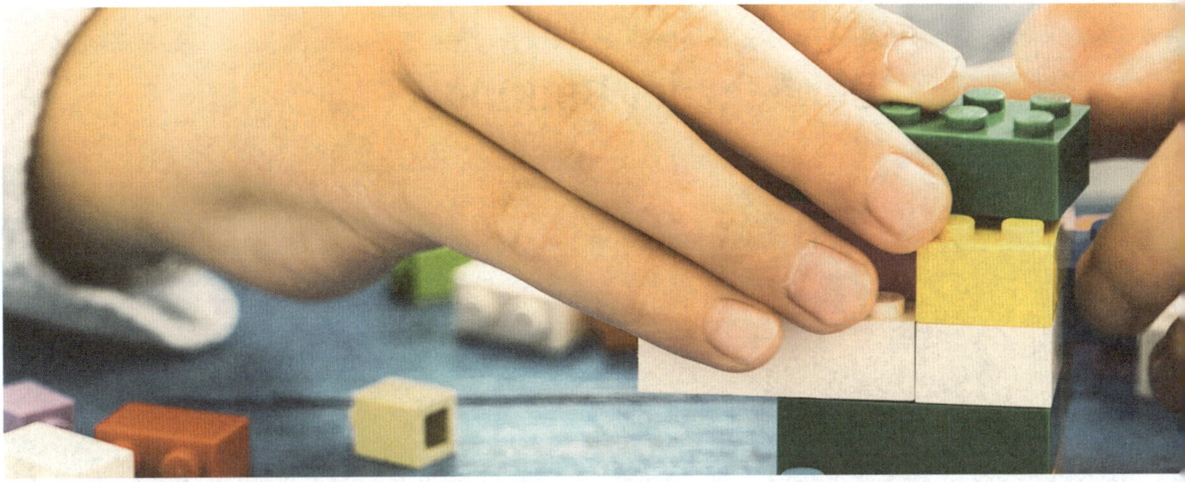

Hier einige Tipps für dein persönliches Studium zu Hause:

- Bevor du mit der Bearbeitung einer Lektion anfängst, bitte Gott, dass er durch sein Wort zu dir spricht.
- Lies den Impulsgedanken zu Beginn jeder Lektion und denke über die dazugehörige Frage nach („Zum Nachdenken"). Auf diese Weise bekommst du einen guten Einstieg in das Thema.
- Die darauffolgenden Fragen beziehen sich auf Aussagen der Bibel. Durch sie findest du heraus, was Gottes Wort über das jeweilige Thema sagt. Schlage die Stellen in deiner Bibel nach und lies sie dir aufmerksam durch.
- Vermerke deine Antworten mit eigenen Worten auf den dafür vorgesehenen Zeilen. Das Aufschreiben wird dir dabei helfen, deine Gedanken klar zu formulieren.
- Danke Gott am Ende jeder Lektion für das, was er dir beigebracht hat. Und bitte ihn um Hilfe, dass du aus dem Gelernten die richtigen Schlüsse für dein persönliches Leben ziehen kannst.
- Auf www.rigatio.com findest du zu jeder Lektion Lösungsvorschläge, Zusatzfragen und Illustrationen zum kostenlosen Download.

Peter Güthler

Lektion 1: Sicherheit

Der Fels der Rettung

Gegen Ende des 19. Jahrhunderts sinkt an der Südwestküste Englands ein Ozeandampfer und reißt zahlreiche Menschen mit in den Tod. Ein sechzehnjähriger Küchenjunge, der von den Wellen an die zerklüftete Küste geworfen wird, überlebt, indem er sich die ganze Nacht über an einen Fels klammert. Als er geborgen wird, fragt ihn jemand: „Hast du nicht am ganzen Körper gezittert, als du dich die ganze Nacht an diesem Felsen festgehalten hast?" Der Junge antwortet: „Klar. Aber der Fels war fest. Er hat kein einziges Mal gewackelt."

Der Fels in dieser Geschichte erinnert mich an Jesus Christus: „Er ist mein Fels und meine Rettung, meine hohe Festung" (Ps 62,7 CSV). Sogar in den Zeiten, in denen ich um meine Errettung bange, darf ich wissen: Sein Werk ist „vollbracht" (Joh 19,30)! Ich bin erlöst „mit dem kostbaren Blut Christi als eines Lammes ohne Fehler und ohne Flecken“ (1Petr 1,18-19), und als ich durch ihn zu Gott gekommen bin, habe ich „vollkommene Rettung“ erfahren (Hebr 7,25 MEÜ).

Der Fels erinnert mich auch an das Wort Gottes. Wer es befolgt, der baut „sein Haus auf den Felsen“ (Mt 7,24). Seine Zusagen sind unwiderruflich – auch die, die meine Erlösung betreffen. Jesus sagt: „Wer mein Wort hört und glaubt dem, der mich gesandt hat, der hat ewiges Leben und kommt nicht ins Gericht, sondern er ist aus dem Tod in das Leben übergegangen“ (Joh 5,24). Die „Schafe“ des guten Hirten „gehen nicht verloren in Ewigkeit, und niemand wird sie aus [seiner] Hand rauben“ (Joh 10,28). Ich darf und ich soll sicher wissen, dass ich ewiges Leben habe, wenn ich „an den Namen des Sohnes Gottes“ glaube (1Jo 5,13), und dass es „keine Verdammnis [mehr gibt] für die, die in Christus Jesus sind“ (Röm 8,1). Ja, „der Himmel und die Erde werden vergehen“, die Zusagen Gottes aber haben ewig Bestand (Mt 24,35)!

Auch wenn unsere Gefühle kommen und gehen, Gottes Liebe tut es nicht.

Clives Staples Lewis (1898-1963), irischer Schriftsteller

Wenn die Wellen des Leids über mich hereinbrechen und die Stürme des Lebens mich erzittern lassen, darf ich doch eines wissen: Der Fels meiner Rettung „wackelt“ nicht!

Zum Nachdenken: „Erst als ich gelernt hatte, dass Heilsgewissheit durch die Zusicherung des Wortes Gottes kommt und nicht aufgrund von Gefühlen, begann ich, mich an meiner Errettung zu freuen.“ Das bezeugte der Bibellehrer William MacDonald (1917-2007). Weshalb wäre es verhängnisvoll, wenn du dich in Bezug auf deine Errettung auf Gefühle verlassen würdest?

1. **Frage: Was sagt die Heilige Schrift über den Ursprung des Lebens, das dir bei der Wiedergeburt (vgl. Joh 3,3) geschenkt wird?**

   Johannes 1,4

   Johannes 5,26

   1. Johannes 5,11

2. **Frage: Jesus ist das Leben (vgl. Joh 14,6). Wer ihn aufnimmt, erhält Leben, das so unvergänglich ist wie er selbst (vgl. 1Tim 6,16). Wie kommt das in den folgenden Versen zum Ausdruck?**

   Johannes 3,16

   Johannes 4,14

3. Frage: Welche konkreten Auswirkungen hat der ewige Charakter des göttlichen Lebens für den Gläubigen?

Johannes 5,24

Johannes 6,40

Johannes 6,51

Johannes 10,27-29

Römer 8,38-39

4. Frage: Immer wieder bringt die Bibel die unauflösbare Verbindung eines Gläubigen mit Christus zum Ausdruck. Ordne die Verse richtig zu:

Apostelgeschichte 8,3 + 9,5 • Epheser 2,6 • Epheser 5,30 • Epheser 5,31-32	
Als Gläubiger bin ich Teil seines Leibes, der Gemeinde.	
Christus und seine Gemeinde sind eins, ähnlich wie ein Ehepaar.	
Wenn mir jemand um des Glaubens willen nachstellt, legt er sich mit Jesus an.	
Als Gläubiger bin ich sozusagen schon mit Jesus im Himmel.	

5. **Frage: Bei deiner Errettung hat Gott dich mit dem Heiligen Geist versiegelt (vgl. Eph 1,13). Andersherum gesagt: Wer den Geist hat, der ist errettet. Was sagt das Neue Testament über den Geist Gottes und seine Gegenwart im Gläubigen?**

   Johannes 14,16-17

   Epheser 4,30

   1. Johannes 2,27

6. **Frage: Du hättest schlechte Karten, wenn du selbst dafür verantwortlich wärst, das neue Leben nicht wieder zu verlieren. Welche Zusagen macht dir Gottes Wort?**

   1. Korinther 1,8

Philipper 1,6

1. Petrus 1,(3-)5

In welchen Situationen könnten dich diese Zusagen besonders trösten?

7. **Frage: Manche befürchten, sie könnten ihre Errettung verlieren, wenn sie sündigen. Was geschieht stattdessen (Röm 8,34; Hebr 9,24; 1Jo 2,1)?**

Lektion 2: Wachstum

Die Milch des Wortes

Die Schriftstellerin Laura Ingalls Wilder (1867-1957) ist vielen Fernsehzuschauern hierzulande durch die Serie *Unsere kleine Farm* bekannt. In der Biografie ihres Mannes Almanzo berichtet sie, wie dieser als Kind auf dem elterlichen Hof den Sommer verbrachte:

„Jeden Morgen versorgte Almanzo seine Kürbispflanze. Sein Vater hatte ihm gezeigt, wie man einen Kürbis mit Milch aufzieht. Dazu wählten sie die beste Pflanze des Feldes aus, schnitten bis auf eine Ranke alle anderen ab und ließen auch an ihr nur eine gelbe Blüte stehen. Dann brachten sie zwischen Wurzel und Blüte an der Unterseite der Ranke vorsichtig einen Schnitt an. Darunter formte Almanzo eine Mulde, in die er eine Schüssel mit Milch stellte. In sie legte er einen Docht, dessen anderes Ende er behutsam in den Schlitz der Ranke einführte. Auf diese Weise leerte der Kürbis jeden Tag eine Schüssel Milch und wuchs immens.“[1] Zur Erntezeit war das Prachtstück schließlich so groß, dass Almanzo mit ihm auf dem Jahrmarkt den ersten Preis gewann!

Genauso wie Almanzo wollte, dass sein Kürbis wächst, möchte auch Gott, dass wir „in der Gnade und Erkenntnis unseres Herrn und Retters Jesus Christus" zunehmen (2Petr 3,18), nachdem er uns neues, ewiges Leben geschenkt hat (vgl. Joh 3,3). In Johannes 15,2 sagt Jesus über das Werk seines himmlischen Vaters: „Jede Rebe an mir, ... die Frucht bringt, die reinigt er, dass sie mehr Frucht bringe." Das „Werkzeug", das Gott zur Reinigung verwendet, ist sein Wort, das „lebendig und wirksam [ist] und schärfer als jedes zweischneidige Schwert" (Hebr 4,12). Auch „macht [es] den Einfältigen weise" (Ps 19,8) und beinhaltet alles, was zum Wachstum des „neuen Menschen" (Eph 4,24) erforderlich ist.

Unser geistliches Wachstum als Christen ist wichtiger als unsere berufliche Fortbildung als Klempner, Sachbearbeiter oder Softwareentwickler.

Brennan Manning (1934-2013),
amerikanischer Autor und Evangelist

Ähnlich wie ein Säugling die Brust seiner Mutter sucht, sollten wir täglich Gemeinschaft mit „dem Hirten und Aufseher [unserer] Seelen" suchen (1Petr 2,25) und „begierig nach der unverfälschten Milch" seines Wortes sein.

Übrigens dürfen auch wir uns auf einen „Preis" freuen (1Kor 9,24)!

Zum Nachdenken: In dem Buch *Little House on the Prairie* erklärt Laura Ingalls Mutter: „In dem Augenblick in dem wir geboren werden, beginnen wir zu lernen, Laura, und wenn wir weise sind, hören wir nicht damit auf, bis der Herr uns nach Hause ruft." Das gilt auch für das neue Leben, das Gott dir bei der Wiedergeburt schenkt. Was ist das Endziel allen Lernens (siehe Eph 3,18-19)?

1. **Frage: Wie ein Kind die Nähe seiner Mutter sucht, sucht ein Gläubiger die Gemeinschaft mit seinem himmlischen Vater. Welche Vergleiche verwenden die Söhne Korachs (Ps 42 und 84) und David (Ps 143), um ihrer Sehnsucht nach Gott Ausdruck zu verleihen?**

   Psalm 42,2-3

   Psalm 84,2-4

   Psalm 143,6

2. **Frage: Was könnte einen Gläubigen daran hindern, die Gegenwart Gottes zu suchen?**

   Jesaja 30,15

   Lukas 10,38-42

Johannes 3,20

Welche dieser Hindernisse kennst du aus deinem eigenen Leben? Wie könntest du sie überwinden?

3. **Frage: Viele Gläubigen suchen am Tagesanfang Gemeinschaft mit Gott (vgl. Jes 50,4b). Welche Vorteile bietet diese Tageszeit?**

4. **Frage: Im *Gleichnis vom Sämann* siehst du, wie Menschen unterschiedlich auf das Wort Gottes reagieren. Was geschieht bei dem Menschen, bei dem „auf die gute Erde gesät ist“ (Mt 13,23)?**

5. **Frage: Was ist wichtig, wenn du Gottes Wort liest?**

5. Mose 6,6

Esra 7,10

Offenbarung 1,3

6. **Frage: Was kann Gottes Wort in dir bewirken?**

Psalm 19,8-9

Johannes 15,3

2. Timotheus 3,16-17

7. **Frage: Wie viel Zeit verbringst du täglich allein mit Gott, um mit ihm Gemeinschaft zu haben und in seinem Wort zu lesen?**

Wie zufrieden bist du mit der Qualität deiner „Stillen Zeit"?

- [ ] **sehr zufrieden**
- [ ] **zufrieden**
- [ ] **mittelmäßig**
- [ ] **unzufrieden**
- [ ] **äußerst unzufrieden**

Was könntest du tun, um deine persönliche Zeit mit Gott noch fruchtbarer zu gestalten?

Lektion 3: Gebet

Am Thron der Gnade

Der *Pearson International Airport* in Toronto ist mit über fünfzig Millionen Passagieren pro Jahr der größte Flughafen Kanadas. Er verfügt über fünf Start- und Landebahnen und bedient verschiedenste Flugzeugtypen: vom Propellerflugzeug aus dem 170 km entfernten London/Ontario bis zum Passagierjet auf seiner 6.000 km langen Reise nach London/Großbritannien. Der Pilot eines kleinen Privatflugzeugs wurde gefragt, ob er schon einmal Probleme gehabt habe, von Pearson abzuheben und zu landen, da dieser doch überwiegend von großen Jets frequentiert wird. Er antwortete: „Nein. Denn obwohl ich eine kleine Maschine fliege, besitze ich doch dieselben Rechte, dieselben Privilegien und denselben Zugang zum Flughafen wie alle anderen – sogar wie die Jumbo Jets!"[2]

Ähnlich ist es, wenn wir im Gebet zu Gott kommen: Ob Mann oder Frau, Hilfsarbeiter oder Hochschulprofessor, Ausländer oder Alteingesessener – wir alle werden mit offenen Armen empfangen, „denn es ist kein Ansehen der Person bei Gott" (Röm 2,11). Als seine Kinder dürfen wir ihn „lieber Vater" nennen (MEÜ Röm 8,15) und uns an ihn wenden. Er ist „barmherzig und gnädig ... und groß an Gnade“ (Ps 103,8). „Rufe mich an am Tag der Not; ich will dich retten, und du wirst mich verherrlichen!“, verspricht er uns in Psalm 50,15. Jemand bemerkte zu diesem Vers: „Gott besitzt keinen Anrufbeantworter, sondern nimmt jedes Gespräch persönlich entgegen!“

Gebet ist die Verbindung zwischen der Ohnmacht des Menschen und der Allmacht Gottes. Es bewegt ihn, Dinge zu tun, die er ohne unser Bitten nicht tun würde. In Matthäus 7,8 stellt Jesus fest: „Jeder Bittende empfängt, und der Suchende findet, und dem Anklopfenden wird geöffnet werden.“ Doch auch der Umkehrschluss trifft zu: „Ihr habt nichts, weil ihr nicht bittet“ (Jak 4,2).

„Wir wollen also voll Zuversicht vor den Thron unseres gnädigen Gottes treten, damit er uns sein Erbarmen schenkt und uns seine Gnade erfahren lässt und wir zur rechten Zeit die Hilfe bekommen, die wir brauchen“ (Hebr 4,16 NGÜ).

Das eigentliche Ziel unseres Betens sollte nicht der Wunsch sein, etwas bei Gott zu erreichen, sondern mit ihm eins zu sein. Gott will mit uns reden, er will mit uns Gemeinschaft haben und uns seine Gaben, seine Kraft und seine Liebe schenken.

Wilhard Becker (1927-2017),
Autor und Pastor

Zum Nachdenken: William MacDonald sagte: „Eines in meinem Leben bedauere ich: dass ich kein Tagebuch darüber geführt habe über die wunderbaren Gebetserhörungen Gottes in meinem Leben und seine wunderbaren Führungen.“ An welche Situationen in *deinem* Leben erinnerst du dich, in denen Gott dein Gebet erhört hat?

1. Frage: Wann haben die folgenden Personen gebetet?

Daniel (Dan 6,11)

David (Ps 55,18; 86,3)

Jesus (Mt 14,23; Mk 1,35)

2. Frage: Immer wieder spricht die Bibel davon, dass wir uns in einem beständigen Zwiegespräch mit Gott befinden sollen (Lk 18,1; 21,36; Röm 12,12; 1Thes 5,17). Wie ist diese Aufforderung wohl gemeint? Wie könntest du sie umsetzen?

3. Frage: Welche Voraussetzungen bzw. Hindernisse für wirksames Gebet findest du in den folgenden Versen? Erkläre die Bedeutung der Verse mit deinen eigenen Worten.

Psalm 66,18 (vgl. Jak 4,3)

Psalm 145,18 (vgl. Joh 4,23)

Sprüche 21,13 (vgl. Jak 2,13)

Johannes 14,13 (vgl. 1Jo 5,14)

Hebräer 11,6 (vgl. Lk 17,6)

Jakobus 4,6 (vgl. Ps 34,19)

4. **Frage: Welche innere Haltung kommt in dem Gebet des Sohnes Gottes zu seinem Vater zum Ausdruck (Lk 22,42)?**

Bei welchen Dingen hast du Angst davor, was der Wille Gottes für dich bedeuten könnte? Sprich mit Gott darüber. Er hat „Frieden für dich im Sinn und kein Unheil" (Jer 29,11 NeÜ)!

5. **Frage: Es gibt verschiedene Aspekte des Gebets. Ordne die Verse richtig zu:**

Bekenntnis:	**Psalm 32,5**
Anbetung:	**Psalm 95,6**
Dank:	**Matthäus 6,11**
Fürbitte:	**Epheser 6,18**
Bitte:	**Kolosser 4,2**

Für welche Anliegen kannst du beten?

Matthäus 6,11

Psalm 50,15

Philipper 4,6

Jakobus 1,5

6. Frage: Welche Verheißung gibt der Herr Jesus in Lukas 11,9-10?

7. Frage: Was sagt Jesus über die Art und Weise, wie Gott Gebet erhört (Lk 11,11-12)?

8. Frage: Welche weiteren „Nebenwirkungen" hat Gebet?

Jesaja 40,31

Matthäus 26,41

2. Korinther 3,18

Lektion 4: Gehorsam

Der wirkliche König

Als Königin Elizabeth II. von Großbritannien (*1926) noch ein Kind war, veranstalteten ihre Eltern eine Party im Garten des Buckingham Palace. Schließlich sah sich die Gruppe durch einen Regenschauer gezwungen, die Feier ins Haus zu verlagern. Als Elizabeth und ihre jüngere Schwester Margaret in den Raum schlenderten, in dem sich die Gäste versammelt hatten, wurden sie von diesen mit Fragen durchlöchert. Während einer Gesprächspause zeigte Elizabeth auf ein Gemälde an der Wand, auf dem Jesus am Kreuz dargestellt war, und bemerkte: „Das ist der Mann, von dem mein Papa sagt, dass er der wirkliche König ist."[3] Ihr „Papa", Georg VI. (1895-1952), war ein mächtiger Mann: Regent des Vereinigten Königreichs Großbritannien und Nordirlands, Oberhaupt des Commonwealth of Nations und Kaiser von Indien. Und doch wusste er einen über sich, dem selbst er Gehorsam schuldig war: Jesus Christus.

Er ist der „König der Könige und Herr der Herren" (1Tim 6,15), und „die Herrschaft ruht auf seiner Schulter" (Jes 9,5; vgl. Mt 11,27). Die Engel Gottes stehen „Gewehr bei Fuß“, um seine Befehle zu erhaschen und auszuführen (vgl. Mt 6,53), und wenn er „den unreinen Geistern gebietet“, gehorchen sie ihm (Mk 1,27). Verwundert fragen sich die Jünger in Markus 4,41: „Wer ist denn dieser, dass auch der Wind und der See ihm gehorchen?“ Sie nennen ihn „Meister“ (Lk 5,5), „Herr“ (Joh 13,13) und „Gott“ (Joh 20,28). Eines Tages – so sagt es die Heilige Schrift – wird sich jedes Knie vor ihm beugen und jede Zunge bekennen, „dass Jesus Christus Herr ist“ (Phil 2,11).

Bist du bereit, ihm heute schon die uneingeschränkte Herrschaft über dein Leben zu geben? Sie steht ihm zu. Corrie ten Boom sagte: „Hingabe ist: Dem Herrn geben, was ihm gehört.“ Jesus hat dich „um einen Preis erkauft“ (1Kor 6,20). Du gehörst jetzt nicht mehr dir selbst. Von nun an ist es deine Bestimmung, für ihn zu leben (vgl. 2Kor 5,15) und „seinen Willen“ zu tun (Hebr 13,21). Jeden Tag. Und ohne Einschränkung.

Durch Christus lebendig gewordene Leute sind gehorsame Menschen.

Friedrich von Bodelschwingh (1831-1910), deutscher Theologe

Zum Nachdenken: Königin Elizabeth II. bekannte einmal: „Die Lehren Christi und meine persönliche Verantwortung vor Gott bilden für mich den Rahmen, innerhalb dessen ich versuche, mein Leben zu leben.“ Was ist *dein* persönliches Motiv für ein gehorsames Leben in der Nachfolge? Welches Motiv nennt der Apostel Paulus in 2. Korinther 5,10?

1. **Frage: Welche Argumente findest du in den folgenden Versen dafür, dass Jesus ein Recht auf Gehorsam hat?**

Matthäus 28,18 (vgl. Joh 3,35)

Johannes 1,3 (vgl. Kol 1,16)

Johannes 20,28 (vgl. 1Jo 5,20)

Philipper 2,9-11 (vgl. Röm 14,11)

1. Petrus 1,18-19 (vgl. 1Kor 6,19-20)

2. Frage: Gott hat dich gemacht (vgl. Ps 139,13). Welches Anrecht leitet sich daraus für ihn ab (Jer 18,6)?

Auch du befindest dich „in der Hand des Töpfers“. Was löst dieser Gedanke bei dir aus? Kreuze die Begriffe an, die auf dich zutreffen, und begründe deine Auswahl.

- ☐ **Geborgenheit**
- ☐ **Freude**
- ☐ **Zuversicht**
- ☐ **Mut**
- ☐ **Angst**
- ☐ **Bedrängnis**

Begründung:

3. Frage: Welches Problem beklagt Gott in Jesaja 1,3 im Hinblick auf sein Volk?

4. Frage: Worüber herrscht der Herr Jesus? Verbinde die Verse mit dem dazugehörigen Begriff:

Matthäus 8,27	**Dämonen**
Matthäus 26,53	**Engel**
Markus 1,27	**Gemeinde**
Johannes 13,13	**Herrscher**
Philipper 2,10-11	**jedes Wesen**
Kolosser 1,18	**Jünger**
Offenbarung 19,16	**Naturgewalten**

5. Frage: Mit welchen Worten beruft der Herr Jesus seine Jünger (Mt 8,22; 9,9)?

Was kann diese Aufforderung für diejenigen beinhalten, die ihr Folge leisten (Mt 16,24)?

Versuche mit deinen eigenen Worten zu erklären, was diese Begriffe bedeuten, und nenne jeweils ein Beispiel.

	Erklärung	Beispiel
sich selbst verleugnen		
sein Kreuz auf sich nehmen		
Jesus nachfolgen		

6. Frage: Welche Ziele sollte ein Nachfolger Jesu anstreben (Mt 6,10.33; Kol 3,1)?

7. Frage: Erkläre mit deinen eigenen Worten, welche Folgen die Herrschaft Jesu in verschiedenen Lebensbereichen haben sollte.

Gemeinde (Joh 13,35; 15,12)

Familie (Eph 6,1-4)

Arbeit (Eph 6,5+9)

Besitz (1Tim 6,17-18)

8. Frage: Auf welchen Missstand weist Jesus in Matthäus 7,21 hin (vgl. Lk 6,46)?

9. Frage: Welche Dinge könnten dich vom Gehorsam gegenüber Christus abbringen?

Matthäus 10,37-38

Lukas 14,18-20

Jakobus 4,4

In welchen Lebensbereichen wird dein Gehorsam momentan besonders auf die Probe gestellt? Welche Entscheidungen musst du gegebenenfalls treffen?

10. Frage: Was solltest du immer wieder tun (Röm 6,13; 12,1)?

Lektion 5: Taufe
Symbol der Erlösung

Kaum ein türkisches Gericht ist so bekannt wie der *Döner Kebab*, und aus unserer modernen Fastfood-Welt ist das „am Drehspieß gegarte Fleisch" – so die deutsche Übersetzung – kaum mehr wegzudenken. Die Geschichte des Döners reicht zurück ins späte 19. Jahrhundert, als zwei Männer unabhängig voneinander auf die Idee kamen, Hammelfleisch an einem senkrechten Spieß zu braten: ein Koch namens Hamdi in Kastamonu im Norden der Türkei und sein Kollege İskender Efendi in der westtürkischen Stadt Bursa. Einwanderer aus dem „Land am Bosporus" brachten die Idee nach Deutschland, wo in den frühen 1970er Jahren damit begonnen wurde, das vom Bratspieß abgeschnittene Fleisch mit Beilagen nicht mehr nur auf einem Teller, sondern alternativ in einer Teigtasche anzubieten. Bei der Frage, was neben Fleisch noch ins aufgeschnittene Fladenbrot hineingehört, gehen die Geschmäcker (zumindest in unserer Familie) auseinander – v. a. wenn es um die gehackten Chilischoten geht! Weil in Alufolie eingewickelte Döner alle gleich aussehen, markiert unser Imbiss-Verkäufer die scharfen Exemplare (für alle, außer für mich) daher gerne mit einem schwarzen „X". So ist von außen erkennbar, was mich drinnen erwartet. Schließlich will ich mir nicht den Mund verbrennen ...

Mit der Taufe durch Untertauchen (vgl. Joh 3,23; Apg 8,38) ist es ähnlich. Sie ist eine symbolische Handlung, die nach außen hin sichtbar macht, was im Verborgenen geschehen ist:

Taufe ist Glaube in Aktion.

Watchman Nee (1903–1972), chinesischer Prediger

- **Dein Einswerden mit Christus.** Durch den Glauben bist du „mit seinem Tod vereinigt worden" (Röm 6,5 NeÜ), und als er von den Toten auferstand, hat Gott dich „mit dem Christus lebendig gemacht" (Eph 2,5).

- **Die Vergebung deiner Sünden.** Du wurdest abgewaschen, geheiligt und gerechtfertigt „durch den Namen des Herrn Jesus Christus und durch den Geist unseres Gottes" (1Kor 6,11).

- **Deine Rettung von dem gottlosen System der Welt.** Durch Christi Tod am Kreuz ist die Welt für dich gestorben und du für sie (vgl. Gal 6,14).

Wer sich nach seiner Hinwendung zu Christus taufen lässt, gehorcht dem Gebot der Heiligen Schrift. Denn sie ruft dazu auf: „Jeder von euch lasse sich taufen" (Apg 2,38)!

Zum Nachdenken: W. Ian Thomas (1914-2007) sagte über die Taufe: „[Sie] kann uns nicht zu Christen machen. Wenn das äußerliche Zeichen keinen geistlichen Inhalt hat, dann besteht die Gefahr, dass es zu einem leeren Aberglauben herabsinkt." Im Verlauf der Kirchengeschichte hat die Taufpraxis eine starke Veränderung erfahren. Welche Bedeutung wird der Taufe von Menschen in deinem Umfeld zugesprochen?

1. Frage: Die Glaubenstaufe ist eine symbolische Handlung. Was drückt sie aus (Röm 6,3-4)?

An welche weiteren Aspekte der Erlösung erinnert die Taufe?

1. Korinther 6,11

Galater 6,14

2. Frage: Lies noch einmal Römer 6,4. Wozu bist du jetzt in der Lage, nachdem du mit Christus zu neuem Leben auferweckt worden bist?

Erkläre mit deinen eigenen Worten, was damit gemeint sein könnte.

Lies Epheser 4,25-32. Wodurch zeichnet sich ein Wandel „in Neuheit des Lebens“ aus? Wähle drei Merkmale, bei denen du dich von Gott verändern lassen willst.

3. Frage: Im Verlauf der Kirchengeschichte haben Theologen unterschiedlichste Ideen entwickelt, die mit dem biblischen Verständnis von Taufe nichts gemein haben. Beurteile die theologischen Lehraussagen in der linken Tabellenspalte anhand der Heiligen Schrift.

theologische Lehraussage	biblische Lehre
„Wenn jemand sagt, die Taufe sei freigestellt, das ist, nicht notwendig zum Heil: der sei ausgeschlossen."[4]	**Römer 1,16-17** ______________________ ______________________ **Apostelgeschichte 16,31** ______________________
„Durch die Taufe werden wir von der Sünde befreit und als Söhne Gottes wiedergeboren."[5]	**Epheser 1,7** ______________________ ______________________ **1. Petrus 1,23** ______________________

4. Frage: Im dritten Jahrhundert n. Chr. verbreitete sich die irrige Vorstellung, dass selbst verstorbene Babys aufgrund ihrer angeborenen, sündhaften Natur in die Hölle kämen und nur die Taufe sie vor diesem Schicksal bewahren könne. Was sagt Jesus über „die kleinen Kinder" (Lk 18,15-16), die nicht getauft wurden?

____

____

____

5. **Frage: Weshalb lassen die folgenden Stellen darauf schließen, dass nicht Säuglinge, sondern ausschließlich mündige Personen getauft wurden?**

Apostelgeschichte 2,37-38

Apostelgeschichte 10,44-48

Apostelgeschichte 16,32-34

6. **Frage: Welche Hinweise findest du in den folgenden Versen, auf welche Weise die Taufe in neutestamentlicher Zeit durchgeführt wurde?**

Markus 1,10

Apostelgeschichte 8,39

Inwiefern zeigt die symbolische Bedeutung der Taufe, wie sie in Römer 6 beschrieben wird, dass der Täufling nicht nur mit wenigen Tropfen Wasser besprengt, sondern ganz in es hineingetaucht wurde?

7. **Frage: Welche Zeitspanne lag zwischen der Bekehrung eines Menschen und seiner Taufe (Apg 9,17-19; 16,30-33)?**

8. **Frage: Wann hat *deine* Taufe stattgefunden?**

Wenn du noch nicht getauft bist, was hat dich bisher davon abgehalten? Wie könntest du diese Hindernisse überwinden?

Lektion 6: Heiligung

Eine weiße Weste

Das *Hermelin* ist eine heimische Raubtierart aus der Familie der Marder. Sein Sommerfell zeigt die für viele Wiesel typische braun-weiße Färbung. Sein Winterpelz hingegen ist bis auf die schwarze Schwanzspitze strahlend weiß – ein Umstand, der dem flinken Jäger nicht selten zum Verhängnis wird. Denn seit dem frühen Mittelalter schmücken sich Doktoren, Ritter und Monarchen gerne mit seiner „weißen Weste", die als Symbol für moralische Reinheit angesehen wird. Einer Legende nach würde ein Hermelin lieber in den Tod gehen, als seinen Pelz zu beschmutzen. Als König Ferdinand I. von Neapel im Jahr 1494 einen neuen Orden gründet, wählen seine Mitglieder als Erkennungssymbol das Hermelin. Die Devise des Hermelinordens lautet: *„Malo mori quam foedari"* – „Ich will lieber sterben, als besudelt werden."

Der weiße Pelz des Hermelins ist ein Bild für die vollkommene Stellung, in die Gott uns als seine Kinder versetzt hat: Wir sind „geheiligt durch das ein für alle Mal geschehene Opfer des Leibes Jesu Christi" (Hebr 10,10). Das ist die eine Seite der Medaille. Auf der anderen steht unser praktisches Leben, das unserer Stellung in Christus immer ähnlicher werden soll. Diesen Prozess nennt die Bibel *Heiligung* (vgl. 1Thes 4,3).

„Heiligung bedeutet, dass wir immer seltener sündigen und immer häufiger der Gerechtigkeit entsprechen."[6] Ebenso, wie wir uns früher „in den Sklavendienst von Unmoral und Zügellosigkeit gestellt" haben, sollen wir unsere Glieder jetzt „in den Dienst der Gerechtigkeit stellen" (Röm 6,19 NeÜ). Wir treiben nicht mehr mit unseren ungläubigen Zeitgenossen „in demselben Strom der Heillosigkeit" (1Petr 4,4), sondern achten darauf, dass wir „nicht von ihren Sünden angesteckt" werden (Jud 23 NeÜ).

Vollkommen heilig werden wir aber erst dann sein, wenn wir Jesus „sehen, wie er ist. Und jeder, der diese Hoffnung auf ihn hat, reinigt sich selbst, wie auch jener rein ist " (1Jo 3,2-3).

Würdest auch du lieber sterben, als deine „weiße Weste" zu beschmutzen?

> *Wahre Heiligung erwächst aus einer Beziehung zu Gott. ... Je stärker unsere Liebe zu ihm wächst, desto stärker streben wir nach Heiligkeit.*
>
> Nancy DeMoss Wolgemuth (*1958), Radiomoderatorin und Autorin

Zum Nachdenken: Stell dir vor, du stellst dich am Sonntagmorgen vor den Ausgang einer Kirche und stellst den Gottesdienstbesuchern die Frage: „Was ist ein ‚Heiliger'?" Welche Antworten würdest du wohl erhalten?

1. **Frage: Viele haben eine falsche Vorstellung von Heiligkeit. Bewerte die folgenden Aussagen mit Hilfe der Heiligen Schrift!**

Behauptung	**Lehre der Heiligen Schrift**
„Der Titel ‚Heiliger' ist Verstorbenen vorbehalten, die vom Papst heiliggesprochen worden sind."	**1. Korinther 1,1-2:**
„Heiligkeit bedeutet für mich die Einhaltung von Regeln: Ich arbeite sonntags nie, verzichte freitags auf Fleisch und faste in der Passionszeit."	**Markus 7,6-8:**
„Ich bin Mönch. Heiligkeit bedeutet für mich Abschottung von der Welt."	**Johannes 17,15-18:**
„Ein heiliges Leben ist nicht unbedingt nötig. Hauptsache ich bin gerettet!"	**1. Korinther 6,9-11:**
„Vollkommene Heiligung ist bereits in diesem Leben möglich. Als Gläubige müssen wir ja nicht mehr sündigen!"	**1. Johannes 1,8:**

2. **Frage: Was ist die Voraussetzung dafür, dass du ein heiliges Leben führen kannst (Joh 8,34-36; vgl. Röm 6,22)?**

3. **Frage: Die Bibel nennt viele Gründe für ein heiliges Leben. In der folgenden Tabelle findest du eine Auswahl. Ordne die Verse richtig zu:**

Epheser 1,4	Heiligung war schon immer Gottes Bestimmung für seine Kinder.
2. Timotheus 2, (20-)21	Heiligung ist die Voraussetzung dafür, dass ich Gott schauen kann.
Hebräer 12,14	Heiligung ist Gottes Anspruch an mich, weil auch er heilig ist.
1. Petrus 1,16	Heiligung ist die Voraussetzung für ein Leben, das Gott ehrt.

4. **Frage: Der schottische Prediger Robert Murray McCheyne (1813-1843) betete: „Herr, mache mich so heilig, wie es diesseits des Himmels nur geht." Die unten angeführten Verse sollen dich dazu ermutigen, dies auch zu deinem Gebet zu machen. Fasse den Inhalt in der rechten Spalte zusammen.**

Die Zusagen Gottes (2Kor 6,16b – 7,1)	
Die Zukunft der Erde (2Petr 3,10-11)	
Die Zuversicht der Gläubigen (1Jo 3,2-3)	

5. Frage: In 1. Thessalonicher 4,3 schreibt der Apostel Paulus: „Denn dies ist Gottes Wille: eure Heiligung.“ Wie sollte dies in den verschiedenen Bereichen deines Lebens sichtbar werden?

Ziele (2Kor 5,15; 1Thes 2,4)

Gedanken (2Kor 10,5; Phil 4,6-7)

Begierden (Gal 5,24; 1Petr 2,11)

Blicke (Mt 5,28; 6,22-23)

Reden (Kol 4,6; Jak 4,11)

Beziehungen (1Kor 6,18; 2Kor 6,14)

Verhalten (Gal 6,9; 1Thes 5,22)

Welche Bereiche bereiten dir besonders Mühe?

6. Frage: Was verwendet Gott u. a., um dich in der Heiligung wachsen zu lassen?

Johannes 17,17

Hebräer 12,9-10

Lektion 7: Bekenntnis

Boten des Friedens

Am 2. September 1945 wird auf dem US-Schlachtschiff *Missouri* die japanische Kapitulationsurkunde unterzeichnet; der Pazifikkrieg ist beendet. Ungeachtet dessen halten auf einigen Inseln noch Tausende von japanischen Soldaten aus. Der bekannteste dieser „Holdouts" ist der Nachrichtenoffizier Onoda Hiroo (1922-2014). Abgeworfene Flugblätter, die das Kriegsende verkünden, tut er als Propagandaaktion ab und setzt seinen Kampf über viele Jahre hinweg unbeirrt fort. Als der japanische Student Suzuki Norio Mitte der siebziger Jahre hört, dass Onoda noch am Leben ist, bricht er sein Studium ab und macht es sich zum Ziel, den Leutnant zu finden. Onoda trägt noch immer seine sorgfältig geflickte Kriegsuniform, als er dem „Hippie-Jungen", wie er ihn später nennt, auf der philippinischen Insel Lubang begegnet. Suzuki überbringt seine Botschaft: „Onoda-san, der Kaiser und das japanische Volk machen sich Sorgen um dich." Dann führt er eine Begegnung mit Major Taniguchi herbei, Onodas ehemaligem Vorgesetzten. Auf seinen Befehl hin ergibt sich der letzte „Holdout" am 9. März 1974 – 28 Jahre, 6 Monate und 8 Tage nach Kriegsende!

Vor 2.000 Jahren hat der Sohn Gottes vor den Toren Jerusalems „Frieden gemacht ... durch das Blut seines Kreuzes“ (Kol 1,20). Seinen Jüngern gab er den Auftrag: „Geht hinaus in die ganze Welt und macht die Freudenbotschaft Gottes allen Menschen bekannt“ (Mk 16,15 NeÜ). Über die Jahrhunderte hinweg haben Christen viele Anstrengungen unternommen, diesen Befehl auszuführen: in persönlichen Begegnungen, bei Veranstaltungen, durch die Weitergabe von Literatur und den Einsatz moderner Medien.

Gott hat in jeder Generation genügend Menschen angesprochen, die den Missionsauftrag zu ihren Lebzeiten hätten ausführen können. Aber zu viele sind weggelaufen.

Anne van der Bijl, alias „Bruder Andrew“ (*1954), englischer Missionar

Doch noch immer gibt es „Holdouts“ – Menschen, die das Evangelium nicht angenommen haben und sich im Krieg mit Gott befinden. Es braucht solche, die wie Suzuki Norio bereit sind, hinzugehen und Boten des Friedens zu werden. Die im Auftrag von Christus bitten: „Nehmt die Versöhnung an, die Gott euch anbietet!“ (2Kor 5,20 NeÜ).

Bist du bereit dazu?

Zum Nachdenken: Der Theologe Charles Stanley sagte einmal: „Die Stimme des Herrn Jesus führt uns nicht in eine ängstliche Nachfolge, sondern hin zu einem mutigen Zeugnis.“ Dennoch bereitet es vielen Gläubigen Mühe, „Rechenschaft ... über die Hoffnung“ in ihnen abzulegen (1Petr 3,15). In welchen Situationen fällt es dir besonders schwer? Nenne Beispiele, wie Gott dir geholfen hat, mutig für ihn Zeugnis zu geben.

1. **Frage: In Matthäus 4,19 rekrutiert der Herr Jesus seine Jünger mit den Worten: „Kommt, mir nach! Und ich werde euch zu Menschenfischern machen." Was beinhaltet diese Berufung für uns?**

   Matthäus 5,16

   ___

   ___

   Markus 16,15

   ___

   ___

   1. Petrus 2,9

   ___

   ___

2. **Frage: Die Verkündigung des Evangeliums ist ein Befehl, dem wir Folge leisten sollten (vgl. Mt 28,19). Darüber hinaus finden wir in der Bibel noch weitere Beweggründe, die Gute Nachricht an andere Menschen weiterzugeben. Ordne die Verse richtig zu:**

Matthäus 9,37	Gott würde am liebsten alle Menschen retten.
Johannes 4,36	Die Menschen können nur das glauben, was sie auch gehört haben.
Römer 10,14	Es macht Freude, wenn man Menschen zu Jesus führen kann.
1. Timotheus 2,3-4	Viele suchen, aber es gibt nur wenige, die ihnen den Weg zeigen.

Welcher der o. g. Verse spricht dich besonders an? Begründe deine Antwort.

3. **Frage: Was motiviert den Apostel Paulus dazu, unermüdlich „das Evangelium von Jesus und der Auferstehung“ (Apg 17,18) zu verkünden?**

   1. Korinther 9,16

   2. Korinther 5,14

4. **Frage: Was könnte einen Gläubigen davon abhalten, Jesus Christus zu bezeugen?**

   Sprüche 29,25

   Römer 2,24

Philipper 2,21

Was in *deinem* Leben hindert dich am meisten daran, das Evangelium weiterzugeben? Was könntest du tun, um dieses Hindernis aus dem Weg zu räumen?

5. **Frage: Welche Unterstützung sagt der Herr Jesus seinen Jüngern bei der Verkündigung des Evangeliums zu (Apg 1,8)?**

6. **Frage: Welche Rolle spielt das Wort Gottes bei der Ausführung des Missionsbefehls (1Petr 1,23)?**

In seinem Brief an die Römer erläutert der Apostel Paulus den Weg der Errettung. Ordne die Verse richtig zu und markiere sie in deiner Bibel:

Römer 3,23	1. Das Problem des Menschen
Römer 5,1-2	2. Das Schicksal des Menschen
Römer 5,8	3. Das Angebot Gottes
Römer 6,23a	4. Die Antwort des Menschen
Römer 10,9-10	5. Die Gnadengabe Gottes

7. **Frage: Lies Jesaja 55,10-11. Welche Gewissheit darfst du haben, wenn du Gottes Wort weitergibst?**

Lektion 8: Gemeinde

Leben in Gemeinschaft

Kaiserpinguine sind die einzigen Wirbeltiere, die es bei Temperaturen von minus 50 Grad Celsius und Sturmgeschwindigkeiten bis zu 180 Kilometer pro Stunde längere Zeit in der Antarktis aushalten können. Wie sie das machen? Ganz einfach: Sie kuscheln! Um sich gegenseitig zu wärmen, drängen sich Kaiserpinguine speziell in der Brutzeit in sog. „Huddles" (zu Deutsch: Haufen) dicht aneinander und bilden auf diese Weise kompakte Gruppen, die aus Hunderten von Tieren bestehen können. Wichtig ist dabei der Abstand, den die Pinguine zueinander haben: Wären sie zu weit voneinander entfernt, ginge Wärme verloren; stünden sie zu eng beieinander, wären sie bewegungsunfähig. Und bewegen müssen sie sich, damit die Wärme, die in der Mitte des Haufens bis zu 37°C erreichen kann, an alle verteilt wird. Um das zu erreichen, verändern einzelne Tiere immer wieder leicht ihre Position und veranlassen so ihre Nachbarn dazu, sich ebenfalls zu bewegen. Auf diese Weise entsteht eine Art Welle, und die gesamte Kolonie mischt sich im Laufe der Zeit durch.

Ein einzelner Pinguin hätte es schwer, sich in den rauen Bedingungen des antarktischen Winters zu behaupten. Ähnlich erginge es einem Gläubigen, wenn er in einer Welt, die den Sohn Gottes und seine Nachfolger ablehnt (vgl. Joh 15,18), auf sich selbst gestellt wäre. Das ist einer der Gründe, weshalb Gott die Gemeinde erfunden hat. Sie ist „die von Gott aus der Welt herausgerufene Gemeinschaft der an Jesus Christus Gläubigen, die durch die Wiedergeburt und Taufe des Geistes in Christus sind und den Leib des Christus auf Erden ... bilden."[7] Die Gläubigen leben in ihr nach dem Gebot, das der Herr seinen Jüngern in Johannes 13,34 gegeben hat, nämlich einander zu lieben, wie er sie geliebt hat. Sie machen einander Mut und bauen sich gegenseitig auf (vgl. 1Thes 5,11). Wenn einer von ihnen Not leidet, greifen ihm die anderen unter die Arme (vgl. Apg 4,34). Auf diese Weise wird „Wärme" an alle verteilt.

In der Gemeinschaft lässt es sich leichter glauben, leichter beten, leichter freuen und leichter leiden.

Paul Deitenbeck (1912-2000), Autor und Evangelist

Wenn du nicht „erfrieren" willst, brauchst auch du Gemeinde.

Zum Nachdenken: In 1. Mose 2,18 stellt Gott fest: „Es ist nicht gut, dass der Mensch allein sei." Auf welche Weise ist dir die Gemeinschaft mit anderen Gläubigen bereits zum Segen gewesen?

1. **Frage: Jemand nannte Gemeinde einmal einen „genialen Gedanken Gottes". Welche Absicht verfolgt Gott mit ihr (Eph 3,10)?**

2. **Frage: Die Bibel verwendet ausdrucksstarke Bilder, um das Wesen der Gemeinde zu illustrieren. Ordne die Verse richtig zu und fasse den Inhalt kurz zusammen:**

Johannes 10,14-16 • 1. Korinther 3,6-9 • 2. Korinther 6,18 • 2. Korinther 11,2 Epheser 1,22-23 • Epheser 2,21 • 1. Timotheus 3,15 • 1. Petrus 2,9.	
ein Ort, an dem die Wahrheit zu finden ist	
ein Ackerfeld, auf dem gearbeitet wird und auf dem Frucht entsteht	
ein Haus, in dem Gott wohnt	
ein Leib, dessen Haupt Christus ist	
ein Volk, das Gott gehört	
eine Herde, deren Hirte Jesus ist	
eine Familie, deren Vater Gott ist	
eine Braut, mit der sich Jesus vermählen will	

Welches Bild spricht dich besonders an? Erkläre.

3. Frage: Unter der *universalen Gemeinde* versteht man die Menge aller Gläubigen von Pfingsten (der Geburtsstunde der Gemeinde) bis zur Entrückung (dem Ende des Gemeindezeitalters; vgl. 1Thes 4,16-17). Was haben alle Glieder dieser Gemeinde gemeinsam (Eph 3,6; 4,4-6)?

4. Frage: In welcher Beziehung steht Jesus Christus zur universalen Gemeinde?

Epheser 1,22-23

Epheser 2,20

Epheser 5,23

Epheser 5,25

5. Frage: In der Apostelgeschichte bist du live mit dabei, wie eine große Menge von Menschen zur Gemeinde „hinzugetan" wird. Wodurch geschieht dies?

2,41

2,47b

4,32a

6. Frage: Wenn Paulus in Römer 16,16 Grüße weitergibt von allen „Gemeinden des Christus“, bezieht er sich auf *örtliche Gemeinden* in bestimmten Gegenden oder Städten. Wie sieht der Gemeindealltag dieser Versammlungen aus?

2,42

2,44-45

8,4

7. Frage: Eine *Ortsgemeinde* besteht aus *Heiligen*, unter denen sich *Aufseher* (=Älteste) und *Diener* (=Diakone) befinden (vgl. Phil 1,1). Während sich Diener v. a. um praktische Dinge kümmern, führen Aufseher die „Herde Gottes“ (1Petr 5,2) und nähren sie mit Gottes Wort. Welche Verantwortung haben die Gläubigen gegenüber den Ältesten (1Thes 5,12; Hebr 13,17; 1Petr 5,5)?

8. Frage: Lies 1. Korinther 6,9-11. Auf welche Vergangenheit blicken diejenigen zurück, die gemeinsam mit dir der Gemeinde angehören? Was hat Gott an ihnen und an dir vollbracht (vgl. V. 11)?

Gemeinde ist kein Treffpunkt sündloser Menschen, sondern eine Versammlung von Sündern, die Vergebung erfahren haben. Wozu fordert uns die Heilige Schrift angesichts dieser Tatsache auf?

Johannes 13,34-35

Epheser 4,1-3

---

2. Timotheus 2,19

Hebräer 10,24-25

---

9. Frage: Welche Punkte sind für dich bei der Wahl einer Gemeinde besonders wichtig?

- ☐ Um niemanden zu beunruhigen, sollte wenig über Sünde und Hölle gesprochen werden.
- ☐ Jesus Christus steht im Mittelpunkt.
- ☐ Die Gemeinde bietet ein Programm für Kinder und Jugendliche an.
- ☐ Jeder kann sich gemäß seinen Gaben und Talenten einbringen.
- ☐ Es werden moderne Lieder gesungen.
- ☐ Es gibt ein Musikteam, das die Zeit der Anbetung begleitet.
- ☐ Die Gläubigen werden zu einem heiligen Leben angehalten.
- ☐ Die Gemeindestruktur orientiert sich an biblischen Grundsätzen.
- ☐ Die Gläubigen teilen ihr Leben auch unter der Woche miteinander.
- ☐ Die finanzielle Beteiligung des Einzelnen beruht auf freiwilliger Basis.
- ☐ Die Bibel ist die einzige Autorität für Lehre und Leben.
- ☐ Die Anbetung Gottes ist ein wichtiger Bestandteil des Gemeindelebens.
- ☐ Der Gottesdienst ist besucherfreundlich.
- ☐ Das Wort Gottes wird klar verkündigt.
- ☐ Die Gemeinde versucht, verlorene Menschen zu erreichen.
- ☐ Die Gemeinde wird von mehreren Ältesten geleitet.
- ☐ Die Leitung der Gemeinde hat ein ausgebildeter Pastor.

Lektion 9: Gaben
Zum Dienen bereit

Ein Elektriker hatte einen Bruder, der ein berühmter Musiker war. Einmal sagte sein Chef zu ihm: „Es muss toll sein, einen Bruder zu haben, der auf der ganzen Welt bekannt ist." Dann fügte er hinzu: „Man muss natürlich akzeptieren, dass nicht jeder dieselbe Begabung haben kann, nicht einmal innerhalb einer Familie." – „Da haben Sie natürlich recht", antwortete der Elektriker. „Mein Bruder ist nicht einmal in der Lage, eine Lampe anzuklemmen. Er kann von Glück reden, dass er genug Geld verdient, um einen Elektriker kommen zu lassen."

Wir alle haben von unserem Schöpfer ganz spezielle Fähigkeiten in die Wiege gelegt bekommen: Wenn Rebecca Klavier spielt, wird dir sofort klar, dass sie musikalisches Talent hat. Thomas kann innerhalb kurzer Zeit eine Porträtzeichnung von dir anfertigen; er besitzt ein ausgesprochenes künstlerisches Talent. Andere haben die

Fähigkeit, kaputte Dinge zu reparieren, komplexe Gleichungen zu lösen oder hundert Meter unter zehn Sekunden zu laufen.

Ähnlich ist es mit den geistlichen Gaben, mit denen Gott uns bei unserer Wiedergeburt ausgestattet hat. Während keiner von uns leer ausgegangen ist (vgl. 1Petr 4,10), haben wir doch alle „ganz verschiedene Gaben“ empfangen (Röm 12,6 NeÜ), und jede von ihnen ist wertvoll. Paulus vergleicht uns mit Gliedern eines Leibes (vgl. Röm 12,5) und schreibt: „Das Auge kann nicht zur Hand sagen: Ich brauche dich nicht; oder wieder das Haupt zu den Füßen: Ich brauche euch nicht“ (1Kor 12,21).

Wo deine Gaben liegen, da liegen auch deine Aufgaben.

Deutsches Sprichwort

Die Arbeit im Reich Gottes sollte nicht nur auf den Schultern bezahlter „Profis“ ruhen. Dietrich Bonhoeffer (1906-1945) stellte fest: „Die Gemeinde braucht nicht glänzende Persönlichkeiten, sondern treue Diener Jesu und der Brüder.“ „Als gute Verwalter der verschiedenartigen Gnade Gottes“ (1Petr 4,10) stehen wir daher alle in der Verantwortung, die uns anvertrauten Gaben zur Ehre Gottes und zum Wohl anderer einzubringen.

Bist du ein Kind Gottes? Dann hat er auch dich mit Gaben ausgestattet. Gebrauche sie! Denn kein anderer kann die Arbeit verrichten, die Gott für dich vorgesehen hat.

Zum Nachdenken: Überlege dir bei zwei Personen aus deinem Bekanntenkreis, welche Dinge sie gut können. Denke dann über dich selbst nach und stell dir die Frage: „Welche Talente und Gaben besitze ich?

____

____

____

____

1. **Frage: Woher stammt „jede gute Gabe und jedes vollkommene Geschenk“ (Jak 1,17)?**

   1. Korinther 12,11

   ____

Epheser 4,7

Jakobus 1,17

Was sagt der Apostel Paulus zu denen, die sich auf ihre Gaben etwas einbilden (1Kor 4,7)?

2. **Frage: Welche Gaben werden in den folgenden Abschnitten genannt?**

Römer 12,6-8

1. Korinther 12,8-10

1. Korinther 12,28

Epheser 4,11

Auf der Webseite von *rigatio* findest du einen Test, der dir dabei helfen soll, die Gaben zu erkennen, die Gott *dir* gegeben hat. Beantworte die Testfragen und fasse das Ergebnis hier zusammen (www.rigatio.com, *Erkenne deine geistliche Gabe*).

3. **Frage: Während „jeder eine Gnadengabe empfangen" hat (1Petr 4,10), sind doch nicht alle Gläubigen gleich. Was haben sie gemeinsam (1. Spalte), was unterscheidet sie voneinander (2. Spalte)?**

	Gemeinsamkeiten	**Unterschiede**
Römer 12,4-5		
1. Korinther 12,4-5		
1. Korinther 12,11		

4. Frage: Jemand könnte behaupten: „Ich habe eine wichtigere Gabe als du!" Ein anderer sagt vielleicht: „Ich bin nicht besonders begabt und daher nicht wichtig." Wie beantwortet Paulus solche Einwände in 1. Korinther 12,12-27? Fasse die Hauptaussagen des Abschnitts zusammen.

5. Frage: Der Bibellehrer John F. MacArthur stellt fest: „Gott hat in seiner Souveränität allen Gläubigen Geistesgaben gegeben." Zu welchem Zweck hat er das getan? Ordne die Verse richtig zu:

1. Korinther 12,7 • 1. Korinther 12,25 • 1. Korinther 14,12 Epheser 4,12 • Epheser 4,16 • 1. Petrus 4,11.	
um füreinander Sorge zu tragen	
um andere für ihren Dienst auszurüsten	
zur Erbauung der Gemeinde	
zum Nutzen der Gemeinde	
zur Verherrlichung Gottes	
um das Wachstum der Gemeinde zu bewirken	

6. Frage: In einer Redewendung heißt es: „Es gibt nichts Gutes, außer man tut es.“ Wozu wirst du in der Schrift immer wieder aufgefordert (Röm 12,6-8; 2Tim 1,6; 1Petr 4,10)?

In welchen Bereichen und bei welchen Gelegenheiten könntest du *deine* Gaben zum Einsatz bringen?

Lektion 10: Abendmahl

Zu seinem Gedächtnis

Durch den Angriff der japanischen Marineluftstreitkräfte auf den Militärstützpunkt Pearl Harbor am 7. Dezember 1941 erlitt die US-Flotte enorme Verluste. Die traurige Bilanz: 2.403 Gefallene, 1.178 Verwundete, 12 gesunkene und neun beschädigte Schiffe, 164 zerstörte und 159 beschädigte Flugzeuge. Das *USS Arizona Memorial* markiert die Ruhestätte von über tausend Seeleuten, die beim Untergang des gleichnamigen Schiffes ums Leben gekommen waren. Die amerikanische Marine ehrt diese Gefallenen durch einen speziellen Brauch, der „Manning the Rail" genannt wird (zu Deutsch: „Antreten an der Deckkante"). Wenn ein Schiff die Gedenkstätte passiert, stellt sich seine Besatzung in Uniform am Rand des Außendecks auf. Dann, auf einen entsprechenden Befehl hin, legen die Seeleute die rechte Hand zum Gruß an ihre Kopfbedeckung. Durch diese Zeremonie wird eine emotionale Verbindung zu den Männern hergestellt, die am 7. Dezember 1941 ihr Leben geopfert haben. Viele der

Soldaten sind so berührt, dass sie das Gedenken an die Gefallenen zu den unvergesslichsten Momenten in ihrer Karriere zählen.

Auch das Abendmahl stellt eine Art „Verbindung" her, indem es uns an den Tod unseres Erlösers Jesus Christus vor 2.000 Jahren erinnert. Der Herr selbst hat es wenige Stunden vor seiner Überlieferung eingesetzt (vgl. Mt 26,26-29). Die „Zeremonie" ist denkbar einfach: Wir nehmen Brot, danken Gott, brechen es in Stücke und teilen es unter uns. Dies ist ein Bild für den Leib des Herrn, den er für uns „als Opfergabe und Schlachtopfer" (Eph 5,2) gegeben hat. Danach reichen wir einen Kelch herum, gefüllt mit dem „Gewächs des Weinstocks" (Lk 22,18), und trinken alle daraus. „Dieser Kelch", erklärt Jesus in Lukas 22,20, „ist der neue Bund in meinem Blut, das für euch vergossen wird."

Wie lange wir Christen das noch tun? „Bis er kommt" (1Kor 11,26). Und so ist das Abendmahl, wie es der Schweizer Theologe Frédéric Godet (1812-1900) ausdrückte, „eine Erinnerung an sein erstes Kommen und das Unterpfand für seine Wiederkunft."

Nimm regelmäßig daran teil – und denke an Jesus (vgl. Lk 22,19)!

Ich liebe ihn, und deshalb tue ich, was er mir aufgetragen hat. Der Vater freut sich über den Tod seines Sohnes, und deshalb zeige ich seinen Tod dem Himmel. Gleichzeitig gebe ich meinem Denken einen Horizont: Er kommt wieder, und so werde ich das Brot brechen, bis er wiederkommt.

Harold St. John (1876-1957), britischer Bibellehrer

Zum Nachdenken: Woran denkst du, wenn du an Jesus denkst?

1. **Frage: Am Tag vor seinem Sterben setzt Jesus ein Mahl ein, das *Abendmahl* genannt wird, weil es am Ende des Tages stattfand. Welche Bezeichnungen werden dafür noch verwendet?**

   Apostelgeschichte 2,42

   1. Korinther 10,21

   1. Korinther 11,20

   Wie wird dieses Mahl in *deiner* Gemeinde genannt?

2. **Frage: Das erste Abendmahl fand während der Feier des jüdischen Passahfestes statt. Welche Anordnungen gibt Gott in 2. Mose 12,1-7 zum Ablauf dieses Festes?**

   Welche Rolle spielt das Blut des Lammes für die Bewahrung der Israeliten vor der Plage, die über das Land Ägypten kommen soll (2Mo 12,12-14)?

3. **Frage: Sowohl beim Passahfest als auch beim Abendmahl steht ein „Lamm ohne Fehler“ (2Mo 12,5) im Mittelpunkt. Während ein geschlachtetes Tier „unmöglich ... Sünden wegnehmen“ kann (Hebr 10,4), ist der Tod Christi für unsere Erlösung unverzichtbar. Was erfährst du in den folgenden Versen über das von Gott gesandte „Lamm Gottes“ (Joh 1,29)?**

   Johannes 1,29

   Apostelgeschichte 8,32-35

   1. Petrus 1,18-19

4. **Frage: Bezugnehmend auf die Worte Jesu in Lukas 22,19 – „Tut dies zu meinem Gedächtnis!“ – nennt man das *Abendmahl* manchmal auch *Gedächtnismahl*. Woran sollen sich die Jünger erinnern, wenn sie das Brot brechen und aus dem Kelch trinken (Lk 22,19-20; vgl. Gal 1,4; Offb 1,5)?**

5. **Frage: Welche weiteren Aspekte werden durch das Mahl zum Ausdruck gebracht (1Kor 10,16-17; 11,26)?**

6. **Frage: Wie und wann feiern die ersten Christen das Abendmahl (Apg 2,42+46; 20,7)?**

Wann wird das Abendmahl in *deiner* Gemeinde gefeiert? Wie regelmäßig nimmst du daran teil?

7. **Frage: Einige Korinther sind sich der Ernsthaftigkeit des Abendmahls nicht bewusst (1Kor 11,29) und nehmen „in unwürdiger Weise" daran teil (1Kor 11,27 NeÜ). Welches unangemessene Verhalten tadelt Paulus?**

1. Korinther 11,18-19

1. Korinther 11,20-22

Was sind die Folgen dieses Verhaltens (1Kor 11,29-30)?

Wozu fordert der Apostel die Korinther auf (1Kor 11,28)? Was meint er damit (vgl. Klg 3,40; Mt 5,23-24)?

8. **Frage: Das Abendmahl bietet die Gelegenheit, Jesus gemeinsam mit anderen Gläubigen zu danken und ihn anzubeten. Wofür möchtest du ihm danken? Wofür ihn anbeten?**

Endnoten

1 Ingalls Wilder, Laura, *Farmer Boy*, Harper Trophy, an Imprint of Harper Collins Publishers, New York, 1971, S. 191-192.

2 Nach: De Haan, Richard, *Equal Access*, Our Daily Bread, Grand Rapids, 28.2.2006.

3 Nach: Grounds, Vernon, *Our Savior And King*, Our Daily Bread, Grand Rapids, 20.12.2000.

4 Der Theologe, *Der Glaube der Kirche – verbindliche Originaldokumente*, http://www.theologe.de/theologe18.htm#Quelle_356, Abrufdatum 6.6.2020.

5 N. N., *Katechismus der katholischen Kirche*, R. Oldenbourg Verlag, München, 1993, Lehrsatz 1213, S. 341.

6 Mac Arthur, John Fullerton, *Für Gott beiseitegesetzt*; in: *Lass mich zu dir kommen – Tägliche Andachten*, Christliche Literatur-Verbreitung, Bielefeld, 2. Auflage 2012, Andacht zum 16. Juli.

7 Begriffserklärung *Gemeinde*, CleVer-Bibelprogramm 2.5, Christliche Literaturverbreitung, Bielefeld.